DR. MATTHIAS RIEDL

DIABETES EXPRESS-REZEPTE

einfach und unwiderstehlich

INHALT

Öffnen Sie die Klappen dieses Buches.
Dort finden Sie die wichtigsten Infos zum Thema auf einen Blick!

DAS PRINZIP: BLUTZUCKER-FREUNDLICH KOMBINIERT

DIE PERFEKTE KOMBI

Immer griffbereit:

SO GEHT'S: ZEIT SPAREN

Immer griffbereit:

SO GEHT'S: KOCHEN BEI DIABETES

Die Backzeiten können je nach Herd variieren. Unsere Temperaturangaben beziehen sich auf das Backen im Elektroherd mit Ober- und Unterhitze.

REZEPTKAPITEL

06 VEGGIE SATT

30 FLEISCH & GEFLÜGEL

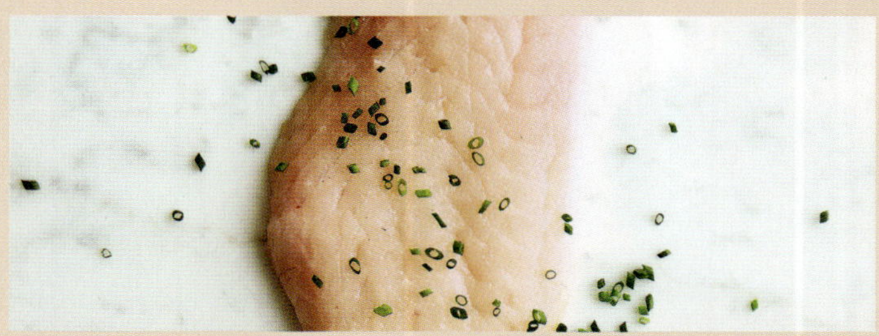

46 FISCH & MEERESFRÜCHTE

04 DER AUTOR
05 MÖHREN-BUTTERMILCH-SHAKE
17 COVERREZEPT
60 REGISTER, ABKÜRZUNGSVERZEICHNIS
62 IMPRESSUM, LESERSERVICE, GARANTIE

DR. MATTHIAS RIEDL

Diabetes mellitus Typ 2 tritt immer früher im Leben auf. Darum ist im Arbeitsalltag die geschickte Integration von blutzuckerfreundlichem Essen notwendig. Aber keine Sorge – mit Expressrezepten, Meal-Prep und leckeren Gerichten to go ist das kein Problem!

Wie lässt sich der Alltag blutzuckerfreundlich gestalten?

Wer die Mahlzeiten des Tages dem Zufall überlässt, wird schnell Opfer von Snacks und Fertiggerichten. Gift für den Stoffwechsel im wahrsten Sinne des Wortes! Gerade Backwaren sind wahre Diabetestreiber. Planen Sie daher Ihren Tag kulinarisch im Voraus und kaufen Sie entsprechend ein. Da 80% der Supermarktprodukte (nicht nur) für Diabetiker ungünstig sind, kommen Sie am Selbermachen nicht vorbei. Das wird Ihnen nicht nur Ihr Blutzucker danken!

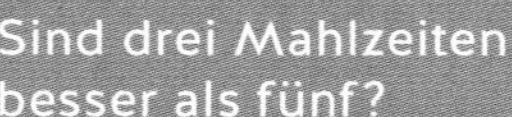

Sind drei Mahlzeiten besser als fünf?

Die früher empfohlenen fünf Mahlzeiten am Tag waren eindeutig diabetesfördernd. Ebenso wie die Empfehlung zur Fruchtzuckersüße. Beides gießt Öl ins Feuer des Diabetesstoffwechsels. Drei Mahlzeiten sind für alle Menschen gut – besonders natürlich für Diabetiker. Sie ermöglichen eine bessere Blutzucker- und Gewichtskontrolle. Zudem wirkt dieses Konzept antientzündlich.

Wie vermeide ich Heißhungerattacken?

Heißhunger entsteht meist durch nicht sättigende Hauptmahlzeiten. Satt machen die richtige Eiweißmenge und Gemüse für viel Volumen. Manchmal essen wir auch aus Gewohnheit oder um schlechte Laune mit Süßem zu manipulieren. Seien Sie sich dessen bewusst!

Was kann ich sonst noch tun, um den Blutzucker zu senken?

Diabetes mellitus Typ 2 ist das Ergebnis aus einer genetischen Empfindlichkeit und einem nicht artgerechten Leben. Zu einem artgerechten Leben für Menschen gehören ausreichend Bewegung und Schlaf, Stressregulierung, achtsamer Umgang mit den Mahlzeiten, das Sichbewusstmachen, was man den ganzen Tag isst und vor allem warum.

MÖHREN-BUTTERMILCH-SHAKE

Für 2 Portionen 4 Möhren putzen, schälen und in grobe Stücke zerschneiden.

Zusammen mit 2 EL zarten Haferflocken,

500 ml Buttermilch,

100 ml Orangensaft

und 1 EL Leinöl in den Standmixer geben.

Sämtliche Zutaten auf höchster Stufe so lange mixen, bis die gewünschte Konsistenz erreicht ist. Auf zwei Gläser verteilen und mit 1 Msp. Zimt bestreut servieren.

VEGGIE SATT

08 SPINATSALAT MIT EI

10 ROTE-BETE-CARPACCIO MIT FELDSALAT

11 SCHAFSKÄSE AUF APFELSCHEIBEN

13 BROKKOLISALAT MIT SESAMTOFU

14 MÖHRENNUDEL-BOWL MIT MANDELPESTO

17 ASIA-SUPPE MIT TOFU

18 ERBSENCREMESUPPE

19 TOPINAMBURSUPPE

20 OMELETT MIT PILZEN UND PAPRIKA

22 BOHNENPFANNE MIT CASHEWS

23 GEBACKENER SPARGEL

24 GEMÜSEPFANNE MIT SOBA-NUDELN

26 ERBSENNUDELN MIT PAPRIKA

27 LINSENSPAGHETTI MIT SUGO

28 AUBERGINEN-FETA-PÄCKCHEN AUS DEM OFEN

Für 2 Personen • 20 Min. Zubereitung • Pro Portion ca. 380 kcal, 21 g E, 28 g F, 9 g KH

SPINATSALAT MIT EI

ASIATISCH

4 Eier (M)
2 EL heller Sesam
150 g Baby-Blattspinat
½ Salatgurke
1 Bund Radieschen
½ Bund Minze
½ Bund Thai-Basilikum
1 Limette
2 EL Sesamöl
2 EL Sojasauce
Cayennepfeffer

TAUSCH-TIPP
Veganer kombinieren anstelle der Eier pro Portion jeweils 100 g Tofu oder Edamame-Bohnen zum Asia-Spinatsalat.

1 Die Eier in einem Topf in kochendem Wasser in ca. 8 Min. weich kochen. Herausnehmen, kalt abschrecken, pellen und abkühlen lassen. Den Sesam in einer Pfanne ohne Fett ca. 3 Min. leicht rösten, herausnehmen und abkühlen lassen.

2 Spinat verlesen, waschen und trocken schleudern, dabei grobe Stiele entfernen. Die Gurke putzen, waschen und in Scheiben schneiden. Die Radieschen putzen, waschen und in dünne Scheiben schneiden. Minze und Thai-Basilikum waschen, trocken tupfen, die Blätter abzupfen und fein hacken. Gemüse und Kräuter in einer Salatschüssel mischen.

3 Für das Dressing die Limette halbieren und auspressen. Limettensaft, Sesamöl und Sojasauce in einer kleinen Schale verrühren und mit Cayennepfeffer würzen.

4 Zum Servieren die Eier quer halbieren. Das Dressing und den Sesam über den Salat geben und untermischen. Den Salat auf Teller verteilen und die Eierhälften daraufsetzen.

Für 2 Personen • 20 Min. Zubereitung • Pro Portion ca. 360 kcal, 16 g E, 30 g F, 6 g KH

ROTE-BETE-CARPACCIO MIT FELDSALAT

FÜR GÄSTE

125 g Feldsalat
2 Rote Beten (vorgegart und vakuumiert)
Salz
150 g Schafskäse (Feta)
20 g Walnusskerne
1 EL Aceto balsamico
2 EL Olivenöl
1 TL mittelscharfer Senf
Pfeffer

1 Den Feldsalat verlesen, waschen, trocken schütteln und auf Teller verteilen. Die Roten Beten in hauchdünne Scheiben schneiden oder hobeln (dabei am besten Küchenhandschuhe tragen!). Die Scheiben dachziegelartig auf dem Feldsalat verteilen.

2 Die Roten Beten mit etwas Salz bestreuen. Den Schafskäse ebenfalls in dünne Scheiben schneiden und auf die Rote-Bete-Scheiben legen. Die Walnusskerne grob hacken und darüberstreuen.

3 Für das Dressing Essig, Öl und Senf in einer kleinen Schüssel gründlich verrühren und mit Salz und Pfeffer abschmecken. Zum Servieren das Dressing über den Salat träufeln.

Für 2 Personen • 20 Min. Zubereitung • Pro Portion ca. 480 kcal, 19 g E, 38 g F, 13 g KH

SCHAFSKÄSE AUF APFELSCHEIBEN

RAFFINIERT

3 EL Apfelessig
2 EL Walnussöl
1 TL körniger Senf
Salz, Pfeffer
2 EL Pinienkerne
2 große rotschalige Äpfel
200 g Schafskäse (Feta)
30 g Rucola

1 Für die Vinaigrette Essig, Öl und Senf in einer Schüssel gründlich verrühren und mit Salz und Pfeffer würzen. Die Pinienkerne in einer Pfanne ohne Fett leicht rösten, herausnehmen und abkühlen lassen.

2 Die Äpfel waschen, das Kerngehäuse mit einem Apfelausstecher entfernen und die Äpfel in hauchdünne Scheiben schneiden oder hobeln. Den Schafskäse in kleine Würfel schneiden. Den Rucola verlesen, waschen und trocken tupfen, dabei grobe Stiele entfernen.

3 Zum Servieren jeweils etwas Vinaigrette auf Teller geben und die Apfelscheiben darauf fächerartig ausbreiten, sodass sie sich überlappen. In der Mitte den Rucola und den Schafskäse anrichten. Alles mit übriger Vinaigrette beträufeln und mit den Kernen bestreuen.

Für 2 Personen • 15 Min. Zubereitung • Pro Portion ca. 515 kcal, 29 g E, 36 g F, 17 g KH

BROKKOLISALAT MIT SESAMTOFU

VEGAN

400 g TK-Brokkoli
1 EL gemahlene Goldleinsamen (Goldleinmehl, z. B. von Alnatura; ersatzweise selbst mahlen oder schroten)
4 EL dunkler Sesam
200 g Räuchertofu
3 EL Olivenöl
250 g Kirschtomaten
1 EL Aceto balsamico
1 TL Ahornsirup
2 EL TK-Basilikum
Salz
Pfeffer

GUT ZU WISSEN
Leinsamen enthalten wie Eier Lecithin und zusätzlich noch Schleimstoffe, die eine eierähnliche Konsistenz bewirken. Deswegen kann man die kleinen braunen Samen gut als veganen Ei-Ersatz verwenden – auch beim Kuchenbacken. Das Plus: Die Schleimstoffe aus den Leinsamen sind gleichermaßen positiv für Magen und Darm.

1 Brokkoli in einer Schüssel mit kochendem Wasser aus dem Wasserkocher übergießen und zugedeckt in ca. 10 Min. auftauen lassen. Danach in ein Sieb abgießen und abtropfen lassen.

2 Das Leinsamenmehl in einer Schüssel mit ca. 100 ml heißem Wasser verrühren, sodass eine eierähnliche Konsistenz entsteht. Sesam auf einem flachen Teller gleichmäßig verteilen.

3 Den Tofu in ca. 1 cm dicke Scheiben schneiden, zuerst in der Leinsamenmasse und dann im Sesam wenden, diesen bei Bedarf etwas andrücken. In einer beschichteten Pfanne 1 EL Öl erhitzen und die Tofuscheiben darin bei mittlerer Hitze von beiden Seiten je ca. 2 Min. anbraten. Anschließend herausnehmen, auf Küchenpapier geben und abtropfen lassen.

4 In der Zwischenzeit die Tomaten waschen und nach Belieben halbieren. Dann mit den abgetropften Brokkoliröschen in eine Salatschüssel geben. Das restliche Öl mit Essig, Ahornsirup, Basilikum sowie etwas Salz und Pfeffer zu einem Dressing verrühren, über den Salat geben und alles gut vermischen.

5 Zum Servieren den Brokkolisalat auf zwei tiefe Teller verteilen und die Sesamtofuscheiben daraufsetzen.

Für 2 Personen • 20 Min. Zubereitung • Pro Portion ca. 395 kcal, 9 g E, 32 g F, 17 g KH

MÖHRENNUDEL-BOWL MIT MANDELPESTO

SOMMERREZEPT

1 Bund Basilikum
1 Knoblauchzehe
40 g Mandeln
40 ml Olivenöl
½ Zitrone
Salz
6 Möhren
100 g Rucola
100 g Kirschtomaten
Pfeffer

TUNING-TIPP
Für eine Extraportion Eiweiß können Sie noch ein paar Parmesanspäne oder Fetabrösel über die Pasta geben. Anstelle von Möhren lässt sich auch anderes Gemüse wie Zucchini oder Spargel zu Gemüsenudeln verarbeiten.

1 Für das Pesto das Basilikum waschen, trocken tupfen und die Blätter abzupfen. Den Knoblauch schälen und mit Basilikum, Mandeln und Öl in den Standmixer geben. Die Zitrone auspressen, den Saft zu den übrigen Pestozutaten geben und alles fein pürieren. Das Pesto mit 1 Prise Salz würzen.

2 Die Möhren waschen, putzen und mit dem Julienne- oder Spiralschneider in feine Streifen schneiden. Den Rucola verlesen, waschen und trocken schleudern, dabei grobe Stiele entfernen. Die Tomaten waschen und nach Belieben halbieren.

3 In einem Topf reichlich Salzwasser aufkochen. Die Möhrennudeln hineingeben und in ca. 3 Min. »al dente« garen. Anschließend in ein Sieb abgießen und abtropfen lassen.

4 Zum Servieren die Möhrennudeln auf Schalen (Bowls) verteilen und Rucola, Tomaten und Mandelpesto darübergeben. Alles gut mischen und mit Salz und Pfeffer würzen.

Für 2 Personen • 20 Min. Zubereitung • Pro Portion ca. 630 kcal, 22 g E, 43 g F, 34 g KH

ASIA-SUPPE MIT TOFU

VEGAN

1 kleine Zwiebel
2 mittelgroße Möhren
1 EL Rapsöl
200 g Kokosmilch
600 ml Gemüsebrühe
½ Limette
2 EL Sojasauce
2 Stängel Koriandergrün
1 EL Erdnusskerne
50 g Reisnudeln
150 g Räuchertofu
1 EL heller Sesam
1 TL Ahornsirup
1 TL Chilipulver
1 EL Erdnussöl

1 Die Zwiebel schälen und in feine Würfel schneiden. Die Möhren putzen, schälen und in dünne Scheiben schneiden.

2 Das Rapsöl in einem Topf erhitzen und die Zwiebel darin andünsten. Möhrenscheiben hinzufügen, die Kokosmilch und Gemüsebrühe dazugießen. Saft der Limette auspressen und zusammen mit der Sojasauce zur Suppe geben. Alles einmal aufkochen, dann bei mittlerer Hitze ca. 5 Min. köcheln lassen.

3 In der Zwischenzeit das Koriandergrün waschen, trocken tupfen, die Blätter abzupfen und grob hacken. Die Erdnusskerne grob hacken. Die Reisnudeln nach Packungsanleitung zubereiten, danach in eine Sieb geben und abtropfen lassen.

4 Den Tofu in Würfel schneiden. In einer Schüssel Sesam, Ahornsirup und Chilipulver mischen und die Tofuwürfel darin marinieren. Das Erdnussöl in einer Pfanne erhitzen, die Tofuwürfel abtropfen lassen und darin goldbraun anbraten.

5 Zum Servieren die abgetropften Reisnudeln auf tiefe Teller verteilen und die Suppe darübergießen. Räuchertofu, gehackte Erdnüsse und frischen Koriander darauf verteilen.

Für 2 Personen • 15 Min. Zubereitung • Pro Portion ca. 380 kcal, 20 g E, 16 g F, 37 g KH

ERBSENCREMESUPPE

GRÜNES POWERFOOD

3 Schalotten
1 Knoblauchzehe
500 ml Gemüsebrühe
2 EL Olivenöl
500 g TK-Erbsen
1 Msp. Chiliflocken
Pfeffer
1 TL Zitronensaft
½ Beet Kresse
2 EL saure Sahne

1 Schalotten und Knoblauch schälen und separat in grobe Würfel schneiden. Die Brühe zum Kochen bringen. Das Öl in einem Topf erhitzen und die Schalotten darin kurz andünsten. Dann die tiefgekühlten Erbsen mit dem Knoblauch dazugeben.

2 Alles mit der heißen Gemüsebrühe aufgießen, aufkochen und zugedeckt bei mittlerer Hitze ca. 5 Min. garen. Anschließend im Topf mit dem Pürierstab cremig fein pürieren und die Suppe mit Chiliflocken, Pfeffer und Zitronensaft pikant abschmecken.

3 Die Kresse vom Beet schneiden, waschen und trocken tupfen. Die Suppe auf tiefe Teller verteilen und je 1 Klecks saure Sahne in der Mitte platzieren. Mit der Kresse bestreut servieren.

Für 2 Personen • 10 Min. Zubereitung • 20 Min. Garen • Pro Portion ca. 390 kcal, 21 g E, 25 g F, 19 g KH

TOPINAMBURSUPPE

CREMIGER SATTMACHER

½ Zwiebel
400 g Topinambur
1 kleine Möhre
¼ Knollensellerie
½ Stange Lauch
1 EL Rapsöl
400 ml Gemüsebrühe
150 g Kochsahne (15 % Fett)
Salz
Pfeffer
frisch geriebene Muskatnuss
2 EL gehackte Petersilie (frisch oder TK)

1 Die Zwiebel schälen und fein würfeln. Den Topinambur, die Möhre und den Sellerie schälen und in Würfel schneiden. Den Lauch längs aufschneiden, gründlich waschen und in Streifen schneiden.

2 Das Öl in einem großen Topf erhitzen und das Gemüse darin bei mittlerer Hitze 2–3 Min. andünsten. Dann zunächst 200 ml Gemüsebrühe dazugießen und alles zugedeckt 15–20 Min. garen.

3 Anschließend die restliche Brühe und die Kochsahne hinzufügen und alles mit dem Pürierstab cremig fein pürieren. Nach Belieben 100 g magere Rohschinkenwürfel unterrühren und die Suppe mit etwas Salz, Pfeffer und Muskatnuss abschmecken. In tiefe Teller verteilen und mit der Petersilie bestreut servieren.

Für 2 Personen • 15 Min. Zubereitung • Pro Portion ca. 330 kcal, 20 g E, 26 g F, 4 g KH

OMELETT MIT PILZEN UND PAPRIKA

KLASSIKER

150 g braune Champignons
100 g Frühlingszwiebeln
150 g orange Paprika
4 Eier
Salz
Pfeffer
2 EL Rapsöl
2 EL geriebener Gouda (max. 48 % Fett)
2 EL Schnittlauchröllchen (frisch oder TK)

1 Die Champignons putzen, bei Bedarf mit einem Tuch abreiben und in dünne Scheiben schneiden. Die Frühlingszwiebeln putzen, waschen und in dünne Ringe schneiden.

2 Die Paprika waschen, vierteln, Stielansatz, weiße Trennwände und Kerne entfernen. Die Paprikaviertel in kurze Streifen schneiden. Die Eier in einer Rührschüssel gründlich verquirlen und mit 1 Prise Salz und Pfeffer würzen.

3 In einer Pfanne 1 EL Öl erhitzen. Die Pilze darin scharf anbraten. Frühlingszwiebeln und Paprika hinzufügen und mit anbraten. Herausnehmen und beiseitestellen.

4 Hitze etwas reduzieren und das übrige Öl in der Pfanne erhitzen. Eimasse darin verteilen und mit einer Gabel von außen nach innen ziehen, damit das Ei gleichmäßig gart. Kurz bevor alles durchgegart ist, Gouda und Gemüse darauf verteilen.

5 Zum Servieren das Omelett zusammenklappen, halbieren und auf Teller verteilen. Mit dem Schnittlauch garnieren.

Für 2 Personen • 30 Min. Zubereitung • Pro Portion ca. 515 kcal, 25 g E, 34 g F, 25 g KH

BOHNENPFANNE MIT CASHEWS

GÜNSTIG

300 g Tofu
1 Knoblauchzehe
1 TL gemahlene Kurkuma
1 TL edelsüßes Paprikapulver
3 EL Olivenöl
Salz
Pfeffer
1 rote Zwiebel
400 g grüne Bohnen (frisch oder TK)
1 EL Aceto balsamico bianco
40 g Cashewkerne
2 EL gehackte Petersilie (frisch oder TK)

1 Den Tofu in ca. 2 cm große Würfel schneiden und in eine Schüssel geben. Den Knoblauch schälen und zum Tofu dazupressen, dann mit gemahlener Kurkuma, Paprikapulver und 2 EL Öl gut untermischen. Alles mit Salz und Pfeffer würzen und kurz ziehen lassen.

2 Zwiebel schälen, fein würfeln. Bohnen putzen und waschen, TK-Ware rechtzeitig auftauen lassen. Die Zwiebel in einer Pfanne im übrigen Öl bei mittlerer Hitze leicht anbraten. Bohnen dazugeben und zugedeckt ca. 10 Min. garen, dabei ab und zu umrühren.

3 Den Tofu samt Würzöl zu den Bohnen hinzufügen und alles noch ca. 10 Min. braten, bis Tofu und Bohnen leicht gebräunt sind. Mit dem Essig ablöschen. In der Zwischenzeit die Cashewkerne in einer beschichteten Pfanne ohne Fett leicht rösten, herausnehmen und abkühlen lassen. Zum Servieren die Bohnen-Tofu-Pfanne auf Teller verteilen und mit Cashewkernen und Petersilie bestreuen.

Für 2 Personen • 10 Min. Zubereitung • 20 Min. Garen • Pro Portion ca. 235 kcal, 11 g E, 6 g F, 29 g KH

GEBACKENER SPARGEL

FÜR GÄSTE

400 g Spargel (grün oder weiß oder gemischt)
250 g Kirschtomaten
1 kleine Chilischote (ersatzweise ½ TL Chilipulver)
½ Bio-Zitrone
4 TL Basilikumpesto
250 g Kichererbsen (aus der Dose)
Salz
Pfeffer

1 Den Backofen auf 180° vorheizen. Den Spargel waschen, (grünen nur im unteren Drittel) schälen und die holzigen Enden entfernen. Die Stangen nach Belieben halbieren. Die Kirschtomaten waschen und mit dem vorbereiteten Spargel in eine große Schüssel geben.

2 Chilischote waschen, halbieren, Stielansatz, weiße Trennwände und Kerne entfernen. Die Zitrone heiß waschen, die Schale fein abreiben und den Saft auspressen. Die Chilischote sehr fein hacken und mit Zitronenschale und Pesto zum Spargel-Mix geben.

3 Kichererbsen in einem Sieb abbrausen, abtropfen lassen und mit in die Schüssel geben, alles gründlich vermengen. Die Mischung auf einem Backblech verteilen, salzen, pfeffern und im vorgeheizten Backofen (Mitte) ca. 20 Min. garen, dabei nach ca. 10 Min. einmal wenden. Zum Servieren aus dem Ofen nehmen, auf Teller verteilen, nach Belieben nachwürzen und mit Zitronensaft beträufeln.

Für 2 Personen • 20 Min. Zubereitung • Pro Portion ca. 580 kcal, 15 g E, 34 g F, 54 g KH

GEMÜSEPFANNE MIT SOBA-NUDELN

AUS JAPAN

100 g japan. Soba-Nudeln (ersatzweise Linsen- oder Vollkorn-Bandnudeln)
Salz
3 EL geröstetes Sesamöl
30 g Cashewkerne
2 Frühlingszwiebeln
1 Möhre
½ rote Paprika
30 g Baby-Blattspinat
100 g Shiitake (Pilze)
1 Stück Ingwer (2 cm lang)
1 Chilischote
1 Knoblauchzehe
½ Bio-Limette
1 EL helles Mandelmus
1 EL Tamari (glutenfreie Sojasauce)
4 EL Kokosmilch
Rohrzucker
Pfeffer

GUT ZU WISSEN
Soba-Nudeln sind dünne, braungraue Bandnudeln aus Buchweizen und stammen aus der japanischen Küche.

1 Nudeln nach Packungsanweisung zubereiten, kalt abbrausen und abtropfen lassen. Sofort mit 1 EL Öl mischen, damit sie nicht zusammenkleben. Cashewkerne in einer kleinen Pfanne ohne Fett hell rösten, herausnehmen und abkühlen lassen.

2 Frühlingszwiebeln putzen, waschen und in dünne Ringe schneiden. Möhre schälen und mit dem Spiralschneider in Streifen schneiden. Paprika waschen, vierteln, Stielansatz, weiße Trennwände und Kerne entfernen. Die Viertel würfeln. Spinat verlesen, waschen und trocken schütteln, grobe Stiele entfernen. Shiitake putzen, bei Bedarf mit einem Tuch abreiben und vierteln. Ingwer schälen, fein reiben. Chilischote waschen, halbieren, Stielansatz, weiße Trennwände und Kerne entfernen, die Hälften hacken. Knoblauch schälen, durchpressen.

3 Das übrige Öl in einer Pfanne erhitzen. Frühlingszwiebeln, Möhre und Paprika darin ca. 4 Min. andünsten, Spinat und Pilze dazugeben und ca. 3 Min. mitgaren. Anschließend alles mit Ingwer, Chili und Knoblauch würzen. Die abgetropften Nudeln unter das Gemüse mischen und mit erhitzen.

4 Für die Sauce die Limette heiß waschen und abtrocknen, die Schale fein abreiben, den Saft auspressen. Saft und Schale in einer Schale mit Mandelmus, Tamari und Kokosmilch mischen und mit 1 Prise Zucker sowie Salz und Pfeffer abschmecken. Zum Servieren den Nudel-Gemüse-Mix auf Teller verteilen, mit der Sauce beträufeln und mit den Cashews garnieren.

Für 2 Personen • 20 Min. Zubereitung • Pro Portion ca. 580 kcal, 23 g E, 25 g F, 59 g KH

ERBSENNUDELN MIT PAPRIKA

LEICHTE SOMMERKÜCHE

1 rote Zwiebel
je 1 große rote und gelbe Paprika (à 225 g)
2 EL Olivenöl
1 Knoblauchzehe
1 TL getr. Oregano
1 TL Aceto balsamico
30 g Pinienkerne
150 g Erbsenspirelli
Salz
½ Bund Petersilie
½ Bio-Zitrone
250 g Joghurt (3,5 % Fett)
Pfeffer

1 Zwiebel schälen, grob würfeln. Paprika waschen, halbieren, Stielansatz, weiße Trennwände und Kerne entfernen. Die Hälften klein würfeln. Zwiebel in einer Pfanne im Öl bei kleiner Hitze kurz andünsten. Paprika dazugeben und ca. 5 Min. mitbraten. Knoblauch schälen und dazupressen, Oregano hinzufügen und alles gut vermischen. Zugedeckt 3–4 Min. weiterbraten, mit Essig ablöschen.

2 Pinienkerne in einer Pfanne ohne Fett hell rösten, herausnehmen und abkühlen lassen. Nudeln nach Packungsanweisung in Salzwasser bissfest garen und in einem Sieb abtropfen lassen. Petersilie waschen, trocken schütteln, die Blätter abzupfen und fein hacken. Zitrone heiß waschen, die Schale fein abreiben, den Saft auspressen.

3 Für die Sauce Petersilie, Zitronenschale und -saft mit dem Joghurt mischen, salzen und pfeffern. Die Nudeln auf Teller verteilen, Sauce und Gemüse darübergeben und Pinienkerne darüberstreuen.

Für 2 Personen • 15 Min. Zubereitung • Pro Portion ca. 570 kcal, 33 g E, 16 g F, 68 g KH

LINSENSPAGHETTI MIT SUGO

ITALIENISCH

4 Tomaten
1 Zwiebel
1 Knoblauchzehe
1 EL Olivenöl
2 EL Tomatenmark
1 TL Agavendicksaft
2 TL getr. Oregano
Salz
Pfeffer
200 g Linsenspaghetti
20 g Parmesan (am Stück)
½ Bund Basilikum

1 Tomaten waschen und klein würfeln, dabei die Stielansätze entfernen. Zwiebel und Knoblauch schälen, fein würfeln. Das Öl in einem Topf erhitzen. Zwiebel und Knoblauch darin ca. 3 Min. andünsten.

2 Tomatenmark, Agavendicksaft und Oregano dazugeben. Dann die gewürfelten Tomaten hinzufügen und alles offen noch ca. 5 Min. einkochen. Den Tomaten-Sugo mit Salz und Pfeffer abschmecken.

3 Währenddessen die Linsenspaghetti nach Packungsanweisung in Salzwasser bissfest garen und in einem Sieb abtropfen lassen. Den Parmesan mit dem Sparschäler in Späne hobeln. Das Basilikum waschen, trocken tupfen, die Blätter abzupfen und grob hacken.

4 Zum Servieren das Basilikum zum Sugo geben und mit den abgetropften Nudeln auf Teller verteilen, mit Parmesan bestreuen.

Für 2 Personen • 10 Min. Zubereitung • 20 Min. Garen • ca. 250 kcal, 14 g EW, 19 g F, 5 g KH

AUBERGINEN-FETA-PÄCKCHEN AUS DEM OFEN

RUCKZUCK IM OFEN

1 Aubergine
2 große Tomaten
½ Bund Basilikum
2 Knoblauchzehen
150 g Schafskäse (Feta)
1 EL Olivenöl
Salz
Pfeffer
½ TL getr. Basilikum

1 Ofen auf 200° vorheizen. 2 Bogen Backpapier bereitlegen.

2 Die Aubergine putzen, waschen und in dünne Scheiben schneiden. Die Tomaten waschen und in dünne Scheiben schneiden, dabei die Stielansätze entfernen. Das frische Basilikum waschen, trocken tupfen, die Blätter abzupfen und fein hacken. Den Knoblauch schälen und ebenfalls fein hacken.

3 Auf jedes Backpapier ein Viertel der Auberginen- und Tomatenscheiben verteilen und jeweils ein Viertel des Schafskäses darüberbröseln. Darauf das übrige Gemüse verteilen und mit dem Rest des Fetas bestreuen. Alles mit dem Olivenöl beträufeln, salzen, pfeffern und mit getrocknetem Basilikum würzen. Frisches Basilikum und Knoblauch darübergeben.

4 Das Backpapier über jeder Portion eng zusammenfalten und die Enden fest zudrehen, sodass die Päckchen gut verschlossen sind. Die Päckchen auf ein Backblech geben und im Ofen (unten) ca. 20 Min. garen. Herausnehmen und auf Teller setzen, zum Servieren öffnen (Vorsicht, heißer Dampf!).

FLEISCH & GEFLÜGEL

33 SOMMERSALAT MIT SERRANO-SCHINKEN

34 HÄHNCHEN-LAUCH-SALAT

35 AFRIKANISCHER ERDNUSSTOPF

37 BOHNENEINTOPF MIT RINDERFILETSTREIFEN

38 TOMATENSUPPE MIT HACK UND MOZZARELLA

40 BLUMENKOHL-PUTEN-CURRY

41 CHICORÉE MIT SCHINKEN UND KÄSE

42 MINUTENSTEAKS MIT THYMIANSAUCE

44 HÄHNCHEN-SATÉ-SPIESSE MIT CURRYDIP

Für 2 Personen • 20 Min. Zubereitung • Pro Portion ca. 265 kcal, 20 g E, 16 g F, 8 g KH

SOMMERSALAT MIT SERRANO-SCHINKEN

EINFACH

1 kleiner Lollo-rosso-Salat
1 kleiner Lollo-bianco-Salat
50 g Rucola
1 rote Paprika
200 g Champignons
1 rote Zwiebel
1 EL Rapsöl
100 g Serrano-Schinken (in Scheiben)
1 EL Olivenöl
2 EL Aceto balsamico bianco
1 TL flüssiger Honig
1 TL mittelscharfer Senf
Salz
Pfeffer

1 Lollo rosso, Lollo bianco und Rucola putzen, waschen und trocken schleudern. Danach den Salat in mundgerechte Stücke zupfen. Paprika waschen, längs halbieren, Stielansatz, weiße Trennwände und Kerne entfernen. Die Paprikahälften in feine Streifen schneiden. Champignons putzen, bei Bedarf mit einem Tuch abreiben und je nach Größe halbieren oder vierteln. Die Zwiebel schälen und in feine Ringe schneiden.

2 Das Rapsöl in einer Pfanne erhitzen. Den Schinken darin kurz anbraten, herausnehmen und auf Küchenpapier abtropfen lassen. Zum Servieren in mundgerechte Stücke schneiden.

3 Für das Dressing Olivenöl, Essig, Honig und Senf in einer kleinen Schüssel gründlich verrühren, salzen und pfeffern.

4 Salatzutaten auf Tellern anrichten, die Schinkenstücke darauf verteilen und alles mit dem Dressing beträufeln.

VEGGIE-TIPP

Für die fleischlose Variante 200 g Champignons oder Steinpilze zusätzlich putzen, trocken abreiben und in Scheiben oder Viertel schneiden. Dann nach Belieben in einer Pfanne in 1 TL heißer Butter ca. 3 Min. dünsten und über dem Salat verteilen.

Für 2 Personen • 20 Min. Zubereitung • Pro Portion ca. 435 kcal, 34 g E, 26 g F, 15 g KH

HÄHNCHEN-LAUCH-SALAT

PIKANT

20 g heller Sesam
400 g Lauch
2 EL Rapsöl
Salz
Pfeffer
½ TL Chilipulver
250 g Hähnchenbrustfilet
1 säuerlicher Apfel (z. B. Elstar)
2 EL Sojasauce
3 EL saure Sahne
1 TL Honig

1 Sesam in einer Pfanne ohne Fett unter Wenden ca. 5 Min. anrösten, herausnehmen und abkühlen lassen. Lauch längs aufschneiden, gründlich waschen, das grüne Ende entfernen und den Rest schräg in dünne Ringe schneiden. In einer Pfanne in 1 EL Öl zugedeckt bei kleiner Hitze ca. 5 Min. dünsten. Mit etwas Salz, Pfeffer und Chilipulver würzen und in einer Schüssel abkühlen lassen.

2 Das Hähnchenbrustfilet mit Küchenpapier trocken tupfen und würfeln. Das übrige Öl in der Pfanne erhitzen und das Fleisch darin ca. 8 Min. anbraten, mit Salz und Pfeffer würzen.

3 Inzwischen den Apfel waschen, vierteln, entkernen und in dünne Spalten schneiden. Für das Dressing Sojasauce, saure Sahne, Honig und Pfeffer verrühren und unter den Lauch heben. Hähnchenfleisch, Apfelspalten und Sesam dazugeben und alles gründlich mischen.

Für 2 Personen • 20 Min. Zubereitung • Pro Portion ca. 530 kcal, 39 g E, 30 g F, 23 g KH

AFRIKANISCHER ERDNUSSTOPF

EXOTISCH

2 Zwiebeln
2 Knoblauchzehen
1 Stück Ingwer (3 cm lang)
2 rote Chilischoten
3 Fleischtomaten
200 g Hähnchenbrustfilet
1 Aubergine
2 EL Erdnussöl
2 EL Tomatenmark
3 EL ungesüßtes Erdnussmus
1 EL gemahlener Kreuzkümmel
1 Msp. Cayennepfeffer
400 ml Hühnerbrühe

1 Zwiebeln, Knoblauch und Ingwer schälen und grob hacken. Chilis waschen, längs halbieren, Stielansätze, weiße Trennwände und Kerne entfernen. Tomaten waschen und in grobe Stücke schneiden, dabei Stielansätze entfernen. Die vorbereiteten Zutaten in einem hohen Rührbecher mit dem Pürierstab fein pürieren, beiseitestellen.

2 Das Hähnchenbrustfilet mit Küchenpapier trocken tupfen und in Streifen schneiden. Aubergine putzen, waschen und in dünne Scheiben schneiden. Das Öl in einem großen Topf erhitzen. Fleischstreifen und Auberginenscheiben darin ca. 5 Min. andünsten. Tomatenmark und das Tomaten-Zwiebel-Püree hinzufügen.

3 Erdnussmus unterrühren, alles mit Kreuzkümmel und Cayennepfeffer kräftig abschmecken. Brühe hinzufügen und alles einmal aufkochen. Eintopf auf tiefe Teller verteilen und servieren.

Für 2 Personen • 20 Min. Zubereitung • Pro Portion ca. 390 kcal, 33 g EW, 15 g F, 28 g KH

BOHNENEINTOPF MIT RINDERFILETSTREIFEN

DEFTIG

1 Zwiebel
1 Knoblauchzehe
1 rote Paprika
½ Dose weiße Bohnen (125 g)
½ Dose Kidneybohnen (125 g)
2 EL Rapsöl
1 Dose stückige Tomaten (400 g)
250 ml Gemüsebrühe
1 TL getr. Thymian
2 Lorbeerblätter
Salz, Pfeffer
200 g Rinderfilet
½ TL gemahlener Koriander
½ Bund Petersilie
½ TL flüssiger Honig

1 Zwiebel und Knoblauch schälen, fein würfeln. Paprika waschen, längs halbieren, Stielansatz, weiße Trennwände und Kerne entfernen. Die Hälften in Würfel schneiden. Beide Bohnensorten in einem Sieb abbrausen und abtropfen lassen.

2 In einem großen Topf 1 EL Öl erhitzen. Zwiebel und Knoblauch darin bei mittlerer Hitze 1–2 Min. andünsten. Die Paprikawürfel dazugeben und ebenfalls kurz anbraten. Dann die Tomatenstücke samt Saft und die Gemüsebrühe dazugießen. Das Gemüse mit Thymian, Lorbeerblättern, Salz und Pfeffer würzen, beide Bohnensorten hinzufügen und alles zugedeckt bei mittlerer Hitze ca. 10 Min. köcheln lassen.

3 Inzwischen das Rinderfilet in feine Streifen schneiden. Das übrige Öl in einer Pfanne erhitzen und die Fleischstreifen darin bei mittlerer Hitze ca. 2 Min. anbraten. Mit Koriander, Salz und Pfeffer würzen, herausnehmen und beiseitestellen.

4 Petersilie waschen, trocken tupfen, die Blätter abzupfen und fein hacken. Die Fleischstreifen kurz vor Garzeitende zum Gemüse geben und darin erhitzen. Zuletzt alles mit Honig und Petersilie verfeinern und den Eintopf auf Teller verteilen.

Für 2 Personen • 15 Min. Zubereitung • Pro Portion ca. 555 kcal, 39 g E, 36 g F, 16 g KH

TOMATENSUPPE MIT HACK UND MOZZARELLA

GUT ZUM MITNEHMEN

1 Zwiebel
2 Knoblauchzehen
2 EL Olivenöl
200 g Rinderhackfleisch
2 EL Tomatenmark
2 Dosen passierte Tomaten (à 400 g)
Salz
Pfeffer
2 EL ital. Kräuter
einige Basilikumblätter
100 g Mini-Mozzarellakugeln

VEGGIE-TIPP
Für eine Veggie-Variante der Suppeneinlage können Sie 175 g geräucherten Tofu (1 Packung) mit den Händen zerbröseln und wie das Hackfleisch verarbeiten.

1 Zwiebel und Knoblauch schälen und fein würfeln. In einem Topf 1 EL Öl erhitzen und das Hackfleisch darin unter Rühren krümelig braten, dann herausnehmen und warm halten.

2 Im noch heißen Topf das restliche Öl erhitzen. Zwiebel und Knoblauch darin mit dem Tomatenmark andünsten. Die passierten Tomaten dazugeben und alles aufkochen.

3 Die Suppe mit Salz, Pfeffer und den Kräutern würzen und zugedeckt bei kleiner Hitze ca. 5 Min. köcheln lassen.

4 Das Basilikum in einem Sieb kurz abbrausen, dann trocken tupfen. Die Blätter bei Bedarf kleiner schneiden.

5 Zum Servieren die Suppe auf Schalen verteilen, das Hackfleisch und die Mozzarellakugeln darauf verteilen und alles mit Basilikum bestreuen. Zum Mitnehmen die Suppe und das Hack in eine gut schließende Box geben und die Mozzarellakugeln separat verpacken. Zur Essenszeit die Suppe aufwärmen, die Käsebällchen daraufsetzen und – genießen!

Für 2 Personen • 20 Min. Zubereitung • Pro Portion ca. 635 kcal, 45 g E, 41 g F, 20 g KH

BLUMENKOHL-PUTEN-CURRY

INDISCH INSPIRIERT

1 Zwiebel
1 Knoblauch
1 Stück Ingwer (ca. 1 cm lang)
1 kleiner Blumenkohl
1 Zucchino
2 EL Olivenöl
250 g Putengeschnetzeltes
1½ EL Currypulver
1 EL Sojasauce
Pfeffer
250 g Kokosmilch
20 g Cashewkerne
1 TL Zitronensaft
Salz

1 Zwiebel, Knoblauch und Ingwer schälen und in kleine Würfel schneiden. Den Blumenkohl putzen, waschen und in kleine Röschen teilen. Den Zucchino putzen, waschen, halbieren und in Streifen schneiden.

2 Das Öl in einem Topf erhitzen und das Fleisch darin anbraten. Zwiebel, Knoblauch und Ingwer hinzufügen und alles unter Wenden ca. 2 Min. braten. Blumenkohl zugeben und weitere 2 Min. braten.

3 Zucchino, Currypulver und Sojasauce hinzufügen, alles mit Pfeffer pikant abschmecken und die Kokosmilch dazugießen. Das Curry zugedeckt bei kleiner Hitze ca. 10 Min. köcheln lassen.

4 Cashewkerne halbieren. Zum Servieren den Zitronensaft unter das Curry rühren und alles nochmals mit Salz abschmecken. Das Curry auf tiefe Teller verteilen und mit den Cashews bestreuen.

Für 2 Personen • 15 Min. Zubereitung • Pro Portion ca. 390 kcal, 20 g E, 28 g F, 13 g KH

CHICORÉE MIT SCHINKEN UND KÄSE

RAFFINIERT

4 Chicorée-Stauden
2 Scheiben Kochschinken (ca. 60 g)
50 g Edamer (am Stück)
2 Stängel Petersilie
2 EL Rapsöl
2 EL Pinienkerne (nach Belieben)
250 ml Tomatensaft
1 EL getr. Basilikum
Pfeffer

1 Chicorée waschen, längs halbieren und den Strunk jeweils keilförmig herausschneiden. Chicoréeblätter waschen, trocken tupfen und in feine Streifen schneiden. Den Kochschinken in dünne Streifen schneiden. Den Edamer fein reiben. Die Petersilie waschen, trocken tupfen, die Blätter abzupfen und grob hacken.

2 Das Rapsöl in einer Pfanne erhitzen. Die Chicoréestreifen und nach Belieben die Pinienkerne darin unter Wenden anbraten. Den Tomatensaft dazugießen. Zuletzt den klein geschnittenen Schinken und die Hälfte des geriebenen Käses hinzufügen und alles bei kleiner Hitze kurz weitergaren, bis der Käse komplett geschmolzen ist.

3 Alles mit Basilikum und Pfeffer würzen und auf Teller verteilen. Mit dem restlichen Käse bestreuen und mit Petersilie garnieren.

Für 2 Personen • 16 Min. Zubereitung • Pro Portion ca. 550 kcal, 49 g E, 32 g F, 17 g KH

MINUTENSTEAKS MIT THYMIANSAUCE

EDEL

Salz
400 g grüne TK-Bohnen
2 EL Rapsöl
4 Rinderminutensteaks
Pfeffer
2 EL helles Mandelmus
1 TL getrockneter Thymian
½ TL rosenscharfes Paprikapulver
½ TL Sojasauce

GUT ZU WISSEN
Minutensteaks gibt es vom Schwein und vom Rind im Angebot. Das Fleisch ist dabei jeweils dünn geschnitten und zart, sodass es in meist nur 30 Sek. gar ist. Perfekt für die Expressküche!

1 Den Backofen auf 80° vorheizen. In einen weiten Topf bodenbedeckend Wasser füllen und salzen. Die TK-Bohnen darin einmal aufkochen, dann zugedeckt bei mittlerer Hitze ca. 5 Min. garen. Anschließend in ein Sieb abgießen und abtropfen lassen, dabei das Kochwasser auffangen.

2 Das Öl in einer Pfanne erhitzen und die Steaks darin auf jeder Seite ca. 30 Sek. braten. Herausnehmen, mit Salz und Pfeffer würzen und auf einem Teller im Ofen warm halten.

3 Das aufgefangene Bohnenkochwasser in die Pfanne von den Steaks zum Bratensud geben und mit dem Mandelmus gut verrühren. Thymian und Paprikapulver hinzufügen und alles mit Sojasauce abschmecken. Unter Rühren kurz aufkochen.

4 Zum Servieren die abgetropften Bohnen neben den Steaks auf Tellern anrichten, dabei die Steaks nach Belieben in Streifen schneiden. Beides mit der Sauce beträufeln.

Für 2 Personen • 20 Min. Zubereitung • Pro Portion ca. 375 kcal, 44 g E, 14 g F, 16 g KH

HÄHNCHEN-SATÉ-SPIESSE MIT CURRYDIP

AROMA-KICK

250 g Hähnchenbrustfilet
2 EL Sojasauce
3 Möhren
1 Kohlrabi
150 g Magerquark
50 g Joghurt (1,5 % Fett)
2 EL Erdnussöl
1 TL Currypulver
1 Msp. gemahlener Koriander
1 TL heller Sesam
Salz, Pfeffer
4 Saté- oder Holzspieße

VORRATS-TIPP
Einmal kochen, zweimal essen – so funktioniert im Idealfall die Expressküche: Die Spieße lassen sich auch gut in doppelter Menge zubereiten und am nächsten Tag noch mal aufwärmen oder mit ins Büro nehmen.

1 Das Hähnchenbrustfilet mit Küchenpapier trocken tupfen und der Länge nach in vier ca. 1,5 cm breite Streifen schneiden. Jeden Fleischstreifen ziehharmonikaartig auf einen Spieß stecken. Die Spieße in eine flache Schale legen, mit der Sojasauce beträufeln und ca. 10 Min. ziehen lassen.

2 In der Zwischenzeit Möhren und Kohlrabi putzen, schälen und in ca. 1,5 cm breite Stifte schneiden. Den Quark in einer kleinen Schüssel mit Joghurt, 1 EL Öl, Currypulver und Koriander mit einem Schneebesen gut verrühren. Den Sesam hinzufügen und den Dip mit Salz und Pfeffer abschmecken.

3 In einer Pfanne das übrige Öl erhitzen und die Spieße darin unter Wenden 4–5 Min. anbraten, dabei mit Salz und Pfeffer würzen. Zum Servieren die Hähnchen-Saté-Spieße mit den Gemüsestiften auf Teller setzen und den Dip dazureichen.

FISCH & MEERESFRÜCHTE

48 GEMÜSESALAT MIT STREMELLACHS

50 SALAT-BOWL MIT MAKRELE

51 SCHNELLER THUNFISCHSALAT

53 KRABBENOMELETT

55 FISCHSPIESSE AUF MANGOMÖHREN MIT KOKOSSCHAUM

57 SPITZKOHLPFANNE MIT SCHOLLENFILET

58 LACHS MIT SPINAT UND FETA

Für 2 Personen • 15 Min. Zubereitung • Pro Portion ca. 435 kcal, 29 g E, 30 g F, 10 g KH

GEMÜSESALAT MIT STREMELLACHS

BUNTER SOMMER-MIX

1 gelbe Paprika
2 Tomaten
½ Salatgurke
1 Frühlingszwiebel
120 g körniger Frischkäse (Hüttenkäse)
125 g Stremellachs (mit Haut)
2 EL Olivenöl
1 EL Apfelessig (ersatzweise Aceto balsamico bianco)
½ TL Chiliflocken
2 TL Schnittlauchröllchen (frisch oder TK)
Salz
Pfeffer
2 EL Pinienkerne

GUT ZU WISSEN
Fisch ist proteinreich und in der naturbelassenen Variante so gut wie frei von Kohlenhydraten. Wer Fisch isst, bleibt somit lange satt, ohne den Blutzuckerspiegel zu beeinflussen.

1 Die Paprika waschen, halbieren, Stielansatz, weiße Trennwände und Kerne entfernen. Paprikahälften in kleine Würfel schneiden. Die Tomaten waschen und klein würfeln, dabei die Stielansätze entfernen. Die Gurke putzen, waschen und ebenfalls in kleine Würfel schneiden. Die Frühlingszwiebel putzen, waschen und in dünne Ringe schneiden.

2 Das Gemüse mit dem Hüttenkäse in einer Salatschüssel verrühren. Die Haut vom Stremellachs entfernen, den Lachs grob zupfen und vorsichtig unter den Gemüsesalat heben.

3 Für die Vinaigrette Öl, Essig, Chili, Schnittlauch, Salz und Pfeffer in eine kleine Schüssel geben und gut verrühren. Die Pinienkerne in einer Pfanne ohne Fett bei kleiner Hitze ca. 5 Min. leicht rösten, herausnehmen und abkühlen lassen.

4 Zum Servieren die Vinaigrette unter die Salatzutaten heben und den Gemüsesalat auf Teller verteilen. Mit den Pinienkernen bestreut servieren. In einer dicht schließenden Plastikbox verpackt, lässt sich der Salat auch prima mitnehmen.

Für 2 Personen • 15 Min. Zubereitung • Pro Portion ca. 520 kcal, 26 g E, 41 g F, 11 g KH

SALAT-BOWL MIT MAKRELE

SCHNELLES AUS DER SCHÜSSEL

40 g TK-Edamame
90 g Feldsalat
80 g Radieschen
1 Avocado
100 g Kirschtomaten
200 g geräucherte Makrele
2 EL Mais (aus der Dose)
1 EL geröstetes Sesamöl
2 EL Limettensaft
Salz
Pfeffer
1 Knoblauchzehe
2 Stängel Koriandergrün (ersatzweise Petersilie)

1 Edamame in einem Sieb auftauen lassen, kalt abbrausen und abtropfen lassen. Den Feldsalat verlesen, waschen und trocken schleudern. Die Radieschen putzen, waschen und in dünne Scheiben schneiden. Die Avocado halbieren, Kern entfernen und das Fruchtfleisch aus den Schalen heben, dann in Streifen schneiden. Die Tomaten waschen und halbieren. Die Makrele in ca. 1 cm große Würfel schneiden. Den Mais in einem Sieb abbrausen und abtropfen lassen.

2 Für das Dressing Öl, Limettensaft, Salz und Pfeffer mischen. Knoblauch schälen und dazupressen. Zum Servieren den Feldsalat auf Schalen verteilen. Radieschen, Avocado, Tomaten, Makrele und Edamame nebeneinander darauflegen, mit Dressing beträufeln, den Mais darüberstreuen. Koriandergrün waschen, trocken tupfen, die Blätter abzupfen, grob hacken und die Bowls damit garnieren.

Für 2 Personen • 15 Min. Zubereitung • Pro Portion ca. 325 kcal, 36 g E, 15 g F, 7 g KH

SCHNELLER THUNFISCHSALAT

EINFACH

1 Dose Thunfisch (im eigenen Saft; 150 g Abtropfgewicht)
2 Frühlingszwiebeln
200 g Kirschtomaten
300 g körniger Frischkäse (Hüttenkäse)
2 EL gehackte Petersilie (frisch oder TK)
2 EL Olivenöl
1 EL Zitronensaft
Salz
Pfeffer

1 Thunfisch in ein Sieb abgießen und abtropfen lassen. Frühlingszwiebeln putzen, waschen, das grüne Ende entfernen und den Rest in dünne Ringe schneiden. Tomaten waschen und würfeln.

2 In einer Schüssel den Hüttenkäse mit Thunfisch, Frühlingszwiebeln, Tomaten, Petersilie und Olivenöl mischen. Den Thunfischsalat mit Zitronensaft, Salz und Pfeffer abschmecken und servieren.

Für 2 Personen • 20 Min. Zubereitung • Pro Portion ca. 285 kcal, 25 g E, 19 g F, 4 g KH

KRABBENOMELETT

FÜR FEINSCHMECKER

150 g Mini-Gurke
½ Zwiebel
1 EL Aceto balsamico bianco
1 EL saure Sahne
1 TL Dill (frisch oder TK)
Salz
Pfeffer
100 g Nordseekrabben (aus dem Kühlregal)
4 Eier
4 EL Milch (1,5 % Fett)
1 EL Rapsöl

TAUSCH-TIPP

Lust auf Abwechslung? Sie können das Omelett auch einfach mal mit 100 g gekochtem Schinken und 150 g Tomaten – am besten beides in kleine Würfel geschnitten – füllen. Das Omelett wie beschrieben zubereiten und vor dem Zusammenklappen mit Schinken- und Tomatenwürfeln belegen.

1 Gurke schälen, halbieren und die Kerne mit einem Teelöffel entfernen. Die Gurkenhälften in kleine Würfel schneiden. Die Zwiebel schälen und ebenfalls fein würfeln.

2 Für das Dressing in einer kleinen Schüssel den Essig mit der sauren Sahne, Dill, Salz und Pfeffer gründlich verrühren. Die Gurken- und Zwiebelwürfel sowie die Krabben untermischen.

3 Für das Omelett Eier und Milch mit einem Schneebesen verquirlen und mit Salz und Pfeffer würzen. Das Öl in einer großen Pfanne erhitzen und die Eiermilch darin verteilen. Den Deckel auflegen und die Eiermasse zugedeckt bei kleiner Hitze in ca. 3 Min. stocken lassen. Anschließend das Omelett vorsichtig wenden und nochmals ca. 3 Min. stocken lassen.

4 Das Omelett auf einen Teller gleiten lassen und die Gurken-Krabben-Füllung darauf verteilen. Das Omelett zusammenklappen, halbieren und sofort servieren.

Für 2 Personen • 20 Min. Zubereitung • Pro Portion ca. 340 kcal, 30 g E, 17 g F, 17 g KH

FISCHSPIESSE AUF MANGOMÖHREN MIT KOKOSSCHAUM

AUGEN- UND GAUMENSCHMEICHLER

1 Zwiebel
250 g Möhren
½ Chilischote
½ Mango (ca. 200 g)
2 EL Rapsöl
Salz
Pfeffer
2 EL Limettensaft
200 g Kokosmilch
300 g Rotbarschfilet (ersatzweise Lengfisch, Seelachs oder Kabeljau)
4 Schaschlikspieße (aus Holz oder Metall)

EINKAUFS-TIPP
Einige Bereiche der weltweiten Fischbestände sind stark gefährdet. Bevorzugen Sie deshalb möglichst immer Fisch aus nachhaltigem Fang und achten auf die entsprechenden Siegel.

1 Die Zwiebel schälen, fein würfeln. Die Möhren putzen, schälen und in ca. 5 mm kleine Würfel schneiden. Chilischote waschen, halbieren, Stielansatz, weiße Trennwände und Kerne entfernen. Die Chilihälften fein hacken. Die Mango schälen, das Fruchtfleisch vom Stein und in kleine Würfel schneiden.

2 In einem Topf 1 EL Öl erhitzen. Die Zwiebel darin andünsten. Möhren, Chili, Salz und Pfeffer hinzufügen und alles bei mittlerer Hitze ca. 8 Min. dünsten. Mango und 1 EL Limettensaft zugeben und alles bei kleiner Hitze warm halten.

3 In einem kleinen Topf die Kokosmilch zusammen mit dem übrigen Limettensaft, etwas Salz und Pfeffer ca. 4 Min. erhitzen. Anschließend mit dem Pürierstab aufschäumen.

4 In der Zwischenzeit die Fischfilets mit Küchenpapier trocken tupfen und in ca. 3 cm große Würfel schneiden. Die Fischwürfel auf die Spieße stecken. Die Spieße in einer Pfanne im übrigen Öl auf jeder Seite 2–3 Min. braten, dabei leicht salzen.

5 Zum Servieren die Mangomöhren auf tiefe Teller verteilen, die Fischspieße darauflegen und mit Kokosschaum garnieren (falls nötig, dazu nochmals kurz aufschäumen).

Für 2 Personen • 20 Min. Zubereitung • Pro Portion ca. 435 kcal, 35 g E, 23 g F, 16 g KH

SPITZKOHLPFANNE MIT SCHOLLENFILET

WINTERREZEPT

1 Zwiebel
300 g Spitzkohl
2 Möhren
2 EL Rapsöl
2 Schollenfilets (à ca. 120 g)
1 EL natives Kokosöl
Salz
Pfeffer
100 g Frischkäse (20 % Fett)
150 ml Milch (1,5 % Fett)
1 TL Gemüsebrühe (Instant)
50 ml trockener Weißwein
frisch geriebene Muskatnuss
½ Bio-Zitrone

1 Zwiebel schälen, klein würfeln. Den Spitzkohl putzen und in feine Streifen schneiden. Die Möhren putzen, waschen und auf der Gemüsereibe grob raspeln. Das Rapsöl in einer Pfanne erhitzen und die Zwiebel darin kurz andünsten. Den Spitzkohl hinzufügen und alles ca. 7 Min. unter Wenden braten.

2 Währenddessen die Schollenfilets mit Küchenpapier trocken tupfen. In einer zweiten Pfanne das Kokosöl erhitzen. Die Fischfilets darin bei mittlerer Hitze ca. 2 Min. anbraten, dann wenden und die gebratene Seite mit Salz und Pfeffer würzen. Auf der anderen Seite ebenfalls ca. 2 Min. braten.

3 Möhrenraspel, Frischkäse, Milch, Gemüsebrühe und Weißwein zum Spitzkohl hinzufügen. Alles mit Salz, Pfeffer und Muskatnuss würzen und weitere ca. 4 Min. garen.

4 Die Zitrone heiß waschen, abtrocknen und in Scheiben schneiden. Zum Servieren die Schollenfilets mit den Zitronenscheiben auf Tellern anrichten, den Spitzkohl danebensetzen.

GUT ZU WISSEN

Alle Kohlsorten enthalten reichlich gesunde Schwefelverbindungen. Schwefel wirkt bei Aufbau und Struktur von Muskeln, Knorpel und Knochen mit. Auch für gesunde Haut, Haare und Nägel und die Elastizität des Bindegewebes ist Schwefel mitverantwortlich.

Für 2 Personen • 10 Min. Zubereitung • 20 Min. Garen • Pro Portion ca. 430 kcal, 40 g E, 27 g F, 6 g KH

LACHS MIT SPINAT UND FETA

KLASSIKER

500 g TK-Blattspinat (aufgetaut)
200 g Kirschtomaten
80 g Schafskäse (Feta)
2 Knoblauchzehen
1 EL Frischkäse (16 % Fett)
Salz, Pfeffer
2 Lachsfilets (à ca. 125 g)
1 EL Zitronensaft

1 Ofen auf 220° vorheizen. Den aufgetauten Spinat in einem Sieb gut ausdrücken und in einer Auflaufform verteilen.

2 Die Tomaten waschen und halbieren. Den Schafskäse in Würfel schneiden. Den Knoblauch schälen und zum Spinat pressen. Den Spinat mit Knoblauch und Frischkäse in der Auflaufform mischen und mit Salz und Pfeffer würzen. Die Tomatenhälften auf dem Spinat verteilen.

3 Den Lachs mit Küchenpapier trocken tupfen. Die Filets auf das Gemüse setzen, salzen und pfeffern. Den Zitronensaft über den Lachs träufeln und die Schafskäsewürfel darüberstreuen.

4 Den Lachs im vorgeheizten Ofen (Mitte) ca. 20 Min. garen. Anschließend aus dem Ofen nehmen und kurz abkühlen lassen. Dann Fisch und Gemüse auf Tellern anrichten. Dazu schmeckt für jeden 1 Scheibe Vollkornbaguette (30 g).

REGISTER

Vegetarische Rezepte sind hier grün abgesetzt.

A/B/C

Afrik. Erdnusstopf 35
Apfel
Hähnchen-Lauch-Salat 34
Schafskäse auf Apfelscheiben 11
Asia-Suppe mit Tofu 17
Aubergine
Afrik. Erdnusstopf 35
Auberginen-Feta-Päckchen aus dem Ofen 28
Avocado: Salat-Bowl mit Makrele 50
Blumenkohl: Blumenkohl-Puten-Curry 40
Bohnen
Bohneneintopf mit Rinderfiletstreifen 37
Bohnenpfanne mit Cashews 22
Minutensteaks mit Thymiansauce 42
Brokkolisalat mit Sesamtofu 13
Chicorée mit Schinken und Käse 41

E/F/G

Edamame: Salat-Bowl mit Makrele 50
Erbsen
Erbsencremesuppe 18
Erbsennudeln mit Paprika 26
Feldsalat
Rote-Bete-Carpaccio mit Feldsalat 10
Salat-Bowl mit Makrele 50
Fisch
Fischspieße auf Mangomöhren mit Kokosschaum 55
Gemüsesalat mit Stremellachs 48
Lachs mit Spinat und Feta 58
Salat-Bowl mit Makrele 50
Schneller Thunfischsalat 51
Spitzkohlpfanne mit Schollenfilet 57
Frischkäse
Gemüsesalat mit Stremellachs 48
Lachs mit Spinat und Feta 5
Schneller Thunfischsalat 51
Spitzkohlpfanne mit Schollenfilet 57
Gebackener Spargel 23
Gemüsepfanne mit Soba-Nudeln 24
Gemüsesalat mit Stremellachs 48
Gurke
Gemüsesalat mit Stremellachs 48
Krabbenomelett 53
Spinatsalat mit Ei 8

H/K/L

Hähnchen
Afrik. Erdnusstopf 35
Hähnchen-Lauch-Salat 34
Hähnchen-Saté-Spieße mit Currydip 44
Kichererbsen: Gebackener Spargel 23
Kohlrabi: Hähnchen-Saté-Spieße mit Currydip 44
Kokosmilch
Asia-Suppe mit Tofu 17
Blumenkohl-Puten-Curry 40
Fischspieße auf Mangomöhren mit Kokosschaum 55
Gemüsepfanne mit Soba-Nudeln 24
Krabbenomelett 53
Lauch
Hähnchen-Lauch-Salat 34
Topinambursuppe 19
Linsenspaghetti mit Sugo 27

M/N/O

Mango: Fischspieße auf Mangomöhren mit Kokosschaum 55
Minutensteaks mit Thymiansauce 42
Möhren
Asia-Suppe mit Tofu 17
Fischspieße auf Mangomöhren mit Kokosschaum 55
Gemüsepfanne mit Soba-Nudeln 24
Hähnchen-Saté-Spieße mit Currydip 44
Möhrennudel-Bowl mit Mandelpesto 14

Spitzkohlpfanne mit Schollenfilet 57
Topinambursuppe 19
Mozzarella: Tomatensuppe mit Hack und Mozzarella 38
Nudeln
Asia-Suppe mit Tofu 17
Erbsennudeln mit Paprika 26
Gemüsepfanne mit Soba-Nudeln 24
Linsenspaghetti mit Sugo 27
Omelett mit Pilzen und Paprika 20

P/R

Paprika
Bohneneintopf mit Rinderfiletstreifen 37
Erbsennudeln mit Paprika 26
Gemüsepfanne mit Soba-Nudeln 24
Gemüsesalat mit Stremellachs 48
Omelett mit Pilzen und Paprika 20
Sommersalat mit Serrano-Schinken 33
Pilze
Gemüsepfanne mit Soba-Nudeln 24
Omelett mit Pilzen und Paprika 20
Sommersalat mit Serrano-Schinken 33
Pute: Blumenkohl-Puten-Curry 40
Radieschen
Salat-Bowl mit Makrele 50
Spinatsalat mit Ei 8
Rind
Bohneneintopf mit Rinderfiletstreifen 37
Minutensteaks mit Thymiansauce 42
Tomatensuppe mit Hack und Mozzarella 38
Rote Bete: Rote-Bete-Carpaccio mit Feldsalat 10
Rucola
Möhrennudel-Bowl mit Mandelpesto 14
Schafskäse auf Apfelscheiben 11
Sommersalat mit Serrano-Schinken 33

S/T

Salat
Salat-Bowl mit Makrele 50
Sommersalat mit Serrano-Schinken 33
Schafskäse (Feta)
Auberginen-Feta-Päckchen aus dem Ofen 28
Lachs mit Spinat und Feta 58
Rote-Bete-Carpaccio mit Feldsalat 10
Schafskäse auf Apfelscheiben 11
Schinken
Chicorée mit Schinken und Käse 41
Sommersalat mit Serrano-Schinken 33
Schneller Thunfischsalat 51
Sellerie: Topinambursuppe 19
Sommersalat mit Serrano-Schinken 33
Spargel, gebackener 23
Spinat
Gemüsepfanne mit Soba-Nudeln 24
Lachs mit Spinat und Feta 58
Spinatsalat mit Ei 8
Spitzkohlpfanne mit Schollenfilet 57
Tofu
Asia-Suppe mit Tofu 17
Bohnenpfanne mit Cashews 22
Brokkolisalat mit Sesamtofu 13
Tomatensuppe mit Hack und Mozzarella 38
Topinambursuppe 19

Z

Zucchini: Blumenkohl-Puten-Curry 40

Abkürzungsverzeichnis:
E = Eiweiß
EL = Esslöffel (gestrichen)
F = Fett
kcal = Kilokalorien
KH = Kohlenhydrate
Msp. = Messerspitze
Pck. = Päckchen
TK = Tiefkühl
TL = Teelöffel (gestrichen)
Ø = Durchmesser

LIEBE LESERINNEN UND LESER,

wir wollen Ihnen mit diesem Buch Informationen und Anregungen geben, um Ihnen das Leben zu erleichtern oder Sie zu inspirieren, Neues auszuprobieren. Wir achten bei der Erstellung unserer Bücher auf Aktualität und stellen höchste Ansprüche an Inhalt und Gestaltung. Alle Anleitungen und Rezepte werden von unseren Autoren, jeweils Experten auf ihren Gebieten, gewissenhaft erstellt und von unseren Redakteur*innen mit größter Sorgfalt ausgewählt und geprüft.

Haben wir Ihre Erwartungen erfüllt? Sind Sie mit diesem Buch und seinen Inhalten zufrieden? Wir freuen uns auf Ihre Rückmeldung. Und wir freuen uns, wenn Sie diesen Titel weiterempfehlen, in Ihrem Freundeskreis oder bei Ihrem Online-Kauf.

Sollten wir Ihre Erwartungen so gar nicht erfüllt haben, tauschen wir Ihnen Ihr Buch jederzeit gegen ein gleichwertiges zum gleichen oder ähnlichen Thema um.

KONTAKT ZUM LESERSERVICE

GRÄFE UND UNZER VERLAG
Grillparzerstraße 8
81675 München
www.gu.de

IMPRESSUM

GU ist eine eingetragene Marke der GRÄFE UND UNZER VERLAG GmbH, www.gu.de

ISBN 978-3-8338-9054-3
5. Auflage 2025

Projektleitung: Elke Sieferer
Lektorat: Dr. Stefanie Gronau
Korrektorat: Jutta Friedrich
Gesamtgestaltung: independent Medien-Design, München
Umschlaggestaltung: ki36 Editorial Design, Sabine Krohberger, München
Herstellung: Renate Hutt
Satz: Eberl & Koesel Studio GmbH
Reproduktion: medienprinzen GmbH
Druck + Bindung: Firmengruppe APPL, aprinta druck, Wemding
Printed in Germany

Bildnachweis:
Coco Lang: S. 1, 5 und Stillleben auf den Klappen; Grossmann und Schuerle: S. 8, 10, 12, 15, 18, 19, 21, 22, 23, 25, 26, 27, 34, 35, 39, 40, 41, 43, 45, 49, 50, 51, 52, 54 und 56; Kramp und Gölling: S. 11, 29, 32, 36, 59 und Cover; Nicolas Leser: S. 64; Mathias Neubauer: S. 3-1, 3-2, 6 und 30; shutterstock: Einzelfotos auf den Klappen; Andreas Sibler: Autorenfotos Dr. M. Riedl; Nicky Walsh: S. 3-3 und 46

Umwelthinweis:
Nachhaltigkeit ist uns sehr wichtig. Der Rohstoff Papier ist in der Buchproduktion hierfür von entscheidender Bedeutung. Daher ist dieses Buch auf PEFC-zertifiziertem Papier gedruckt. PEFC garantiert, dass ökologische, soziale und ökonomische Aspekte in der Verarbeitungskette unabhängig überwacht werden und lückenlos nachvollziehbar sind.

Syndication:
www.imageprofessionals.com

Die GU-Homepage finden Sie unter www.gu.de

Der Autor

Dr. Matthias Riedl ist einer der renommiertesten Ernährungsmediziner Deutschlands. Der Diabetologe und Internist ist unter anderem Gründer des medicum Hamburg, Europas größten Zentrums für Ernährung und Diabetes, und der MyFoodDoctor App, sowie Berater für Krankenkassen und TV-Sender.

Die Rezepte

Die Rezepte in diesem Buch wurden entwickelt von Josephine Danneberg, Julia Dullat, Deniz Genza, Kristina Heckel, Katharina Henze, Christin Müller, Salla Schmilewski, Lena Vogt und Johanna Zelmer.